DE LA
RÉFORME THÉATRALE
OU LA
GUERRE DES TREIZE

Contre le Théâtre-Français,

PAR UN QUATORZIÈME.

SOMMAIRE :

Déclaration collective de 13 écrivains contre la direction du Théâtre-Français. — Sa déplorable situation financière avouée. — Divers procédés exclusifs ou injurieux de Messieurs les comédiens envers Lemercier, Casimir Delavigne et Soumet. — Tendances du Comité hostiles aux œuvres originales, et admission journalière des pièces bâtardes comme *la Tour de Babel*, monstruosité anonyme. — Sagace refus de lecture à un plus sagace refus d'examen par les factotum invisibles ou les chambrières de ces messieurs. — Le foyer des acteurs transformé en aréopage de critique transcendantale. — Double inconvenance de l'examen préalable masqué à huis clos sans garanties pour les inconnus ni exception pour ceux qui ont des titres littéraires. — Dictature exorbitante de Messieurs les Comédiens sur l'art dramatique. — Décadence flagrante du Conservatoire et choix routinier du répertoire courant — Exclusion jalouse des artistes rivaux. — Scandale des appointements et des prétentions de certains artistes soldés sur la subvention. — Enfant pris pour un paquet par un factionnaire du Louvre, à propos de la logique de ces messieurs. — Abus des primes et autres Abus. — Projet de règlement complet pour la réorganisation de notre premier théâtre national. — Quelques mots de réponse à la défense publiée par la Comédie Française. — Dernières observations personnelles. — Citations diverses et trois lignes sur l'Odéon.

PARIS,

ALBERT FRÈRES, ÉDITEURS,

RUE DE LOUVOIS, 2, PLACE RICHELIEU.

1847.

AVIS.

Pendant que le présent mémoire était sous presse, M. le Ministre de l'Intérieur, convaincu de la nécessité d'apporter un remède au mal, a nommé une commission chargée d'examiner la situation du théâtre Français et les modifications à y introduire; quelque confiance que nous inspire la majorité de la commission, nous n'avons rien cru devoir changer à notre mémoire dont l'examen lui sera déféré en premier lieu; si, comme on nous le laisse craindre, sa mission de réforme est purement adminstrative, ce qui ne constitue que la moitié de la tâche, si enfin, comme cela est arrivé en d'autres circonstances, elle se sépare sans un résultat décisif, cette protestation gardera sa valeur toute entière. Une chose justifie trop bien notre prudente réserve. C'est la présence de M. le Commissaire Royal, à la fois juge et partie, parmi les 12 membres dont la commission se compose. Nous nous expliquerons davantage dans le cas où es circonstances le rendraient utile.

« Au nom de l'art dramatique dont la France couronnait naguère le plus glorieux maître en son genre, et qui vient de perdre trois talents distingués, Lemercier, Soumet, Delavigne;

Au nom des écrivains consciencieux dont cet art est la plus vive espérance, la plus éloquente tribune;

Au nom de la pensée libérale qui a fait accorder une dotation annuelle pour soutenir la scène française, comme notre première scène au point de vue moral, sinon par le chiffre de la subvention;

M. le Ministre de l'Intérieur, les deux Chambres et la commision des Théâtres Royaux sont adjurés de ne pas proposer ni voter une subvention nouvelle sans exiger des garanties positives pour les droits et les principes qu'elle a mission de servir, sans un examen approfondi des faits contenus dans la protestation suivante, non individuelle, mais implicitement collective, et du projet de réforme corollaire.

Le vote silencieux de la subvention, après des faits semblables, consacrerait d'odieuses iniquités : — Son emploi arbitraire au seul profit des comédiens, exploitant en vertu d'un privilége légal; — Tout un ordre de choses meurtrier pour l'art et les écrivains soumis injurieusement dans leurs œuvres, soit à des agents examinateurs masqués, soit à des comités sans compétence littéraire; — Enfin la dictature illicite d'une société qui, regardant le bien public comme son patrimoine, prétend jouir de la dotation annuelle, rendre l'état responsable de ses dettes, et ne répondre aucunement de ses actes vis à vis le pouvoir ni vis à vis les écrivains.

Si la pensée du vote est bien, comme nul n'en doute, de protéger l'art, les auteurs et les acteurs, chacun dans la mesure de leurs fonctions respectives, et selon leurs titres, non les uns aux dépens des autres ;

Si la France ne veut pas borner sa gloire à l'adoration stérile des gloires passées, mais tâcher encore de les perpétuer par les œuvres de ses enfants,

Cette pensée, fatalement obscurcie ou méconnue en pratique, a besoin d'être manifestée par un article spécial.

Au moment où l'un des rois barbares (1) ouvre une hospitalité intelligente aux chefs-d'œuvres du monde dans des représentations solennelles dont l'Antigone nous a offert une esquisse,

Nos législateurs s'en souviendront : Notre patrie doit sa puissance à sa grandeur intellectuelle autant qu'à ses armes ; le culte du beau est son culte national sous toutes les dynasties, et la décadence littéraire marque chez les peuples l'heure du déclin.

Plus d'une voix harmonieuse murmure les paroles d'Anaxagore mourant à l'oublieux Périclès : *Quand on souhaite la lumière de la lampe, il faut avoir soin de l'entretenir.*

Or, pour l'entretenir, il ne suffit pas d'ériger des statues ni de subventionner des théâtres, mais d'encourager et d'honorer ceux qui s'y vouent avec honneur et foi, c'est-à-dire de protéger par des institutions équitables leur existence, leurs droits et leurs œuvres, en un mot, d'élever des hommes dignes de ces statues et de ces temples.

---

(1) Le roi de Prusse, bien que signalé pour ses tendances libérales entre les souverains absolus, ayant trempé dans le *triumvirat* spoliateur du dernier sanctuaire des libertés polonaises, mérite ce titre jadis donné par les Grecs et les Romains au reste des nations.

PROTESTATION DES ÉCRIVAINS

CONTRE LE COMITÉ DIRECTEUR DU THÉATRE FRANÇAIS,

Et principaux faits à l'appui pour éclairer les bases d'une réforme rationnelle.

Naguère une déclaration solennelle, émanée d'une réunion spécialement littéraire où figuraient des noms illustres, est venue protester contre la funeste direction imprimée à l'art dramatique par messieurs les Comédiens sociétaires du Théâtre-Français, placé sous le patronage de l'Etat comme notre première scène nationale.

Voici le manifeste formulé à propos d'une pièce refusée par le Comité de lecture et pour laquelle l'auteur, suivant un droit légitime, en avait appelé au jugement de ses pairs.

« Sans préjuger le résultat de la représentation et sans empiéter sur les droits imprescriptibles du public,

» LA RÉUNION :

« Considérant que le Théâtre-Français est essentiellement institué et subventionné pour représenter les ouvrages qui appartiennent à la littérature élevée, mission que ce théâtre semble oublier depuis quelques années ;

» Déclare :

« Que le Comité du Théâtre-Français a manqué au but de son institution en refusant la pièce de M. Ad. Dumas.

» Victor Hugo, De Jailly, Alex. Dumas, Méry, Amédée Achard, J. Lacroix, Altaroche, De Vigny, Frédéric Soulié, Vacquerie, Lireux, Matharel et Frédéric Lemaître. »

Cette déclaration explicite, insérée en août dernier dans plusieurs journaux et signée des auteurs même auxquels le succès a ouvert la scène française, acquiert une double importance: un tel acte explique et accuse à la fois l'origine de son interminable crise financière, qui se traduirait demain par une faillite sans la subvention annuelle (1). Le public proteste, lui, en désertant la salle pour d'autres spectacles, sauf à de trop rares solennités.

Il ne s'agit donc point seulement, comme le prétendait la justification publiée par le Comité sociétaire, du refus incidentel d'une pièce controversible, ni de la cabale d'une portion éminente de littérateurs plus ou moins blessés dans leurs intérêts privés, chose déjà grave au fond; mais la majorité des écrivains d'élite, la presse et presque toute la littérature, jeune ou ancienne, l'opinion unanime, douze ans d'impuissantes tentatives sous trois ou quatre régimes, dénoncent l'impéritie et l'incompétence flagrante d'une administration théâtrale aveuglément précipitée vers la décadence morale et matérielle, quoique l'État la patrone assez libéralement (2), et qu'elle possède à ce titre tout le haut monopole dramatique, c'est-à-dire, en réalité comme je le démontrerai plus loin, la direction presque absolue du grand art de Corneille et de Molière.

Avant d'aborder les principes et les conclusions dictés par la logique et l'expérience irrécusable des choses, quelques faits édifieront mieux encore.

L'illustre Lemercier, l'auteur d'Agamemnon, cette mâle conception parfois antique et qui a inspiré à Guérin sa belle toile du *Meurtre d'Atride*, a subi un odieux ostracisme pendant toute sa dernière période. Peu de mois avant sa mort, il me disait, les lèvres tremblantes, la voix altérée, en me parlant des acteurs de la scène française : « si vous saviez tout le mal qu'ils m'ont fait, Monsieur? » — J'étais vivement ému de voir un vieillard de ce talent et de cette probité en proie à un douloureux paroxisme. Les persécutions de l'Empereur s'effaçaient dans sa mémoire auprès de celles des coulisses.

Casimir Delavigne, obligé de transporter à l'Odéon ses *Vêpres Siciliennes*, a écrit sa mordante satire des *Comédiens* pour stygmatiser leurs procédés. Depuis, rentré triomphant sur leur scène par la force du succès, il a porté deux fois ailleurs ses

---

(1) « La subvention remplace pour les Comédiens la part sociale disparue depuis plus de 15 ans; elle est leur seule ressource, leur aliment unique. » Phrase extraite d'un écrit publié par le comité de la Comédie française et relaté ci-après. Ajoutons que cet aliment unique s'élève à 42,000 fr. pour Mlle Rachel, plus les feux, congés, etc. »

(2) N'oublions pas, outre la subvention, le loyer de la salle dont le roi les gratifie.

ouvrages, Marino Faliero et la Fille du Cid, pour échapper à leurs tracasseries incessantes ; chez eux, il a lutté perpétuellement contre leurs ciseaux pour maintenir sa propre inspiration dans ses pièces. Voilà ce dont le public ne se doute pas !

Enfin, M. Soumet, lisant un jour à 60 ans sa tragédie reçue du Gladiateur pour la distribution des rôles aux acteurs chargés de la jouer, s'arrêta au milieu du troisième acte et sortit. Il s'était aperçu que ces messieurs et ces dames se passaient des bouts rimés avec d'ingénieuses pantomimes pendant sa lecture (1).

Voilà les juges du fruit de nos pénibles veilles, des conceptions du plus difficile des arts, les comités que la subvention consacre.

Les termes parlementaires manquent pour qualifier un pareil régime.

Quelques bons actes cités sur un ton sonore, de mauvaises œuvres légitimement refusées, ou d'estimables admises avec succès, n'annihilent pas les faits permanents. Tous les hommes d'un talent original ont plus ou moins éprouvé leurs ciseaux étroits, essentiellement acquis à la science mimique, restreinte, imitatrice et traditionnelle de sa nature, et sacrifiant les idées, le caractère, le style au savoir-faire et à la charpente, autrement dit l'art supérieur à l'art infime ; les leçons leur arrivent de leurs amis comme de leurs ennemis sans les éclairer. Je regrette de ne pouvoir nommer ici par convenance les auteurs refusés et les ouvrages joués depuis 1830. Sauf des exceptions rares, dues à des influences particulières, deux ou trois réputations imposées par le temps non sans violentes luttes, le public verrait dans les premiers ceux qu'il aime, dans les seconds ceux qu'il oublie. Une pièce reçue par le comité, la Tour de Babel, mérite une mention hors ligne, car elle a soulevé par son niais cynisme l'indignation générale, et nul n'ayant osé l'avouer pour son œuvre, elle semble l'expression du génie commun des sociétaires.

Un dernier fait révèlera la prétendue facilité de leurs abords, même envers les hommes appuyés par des titres honorables, la noble façon avec laquelle ils reconnaissent l'appui de l'État et leur mission envers les lettres.

Ce fait me concerne.

(1) Je tiens l'anecdote d'un artiste présent à la lecture. elle est d'ailleurs notoire parmi les auteurs en rapport avec le théâtre bien déchu de son ancienne dignité intérieure. Je n'avance rien dont je ne sois moralement aussi sûr que des paroles ouïes de mes propres oreilles et j'en sais plus que je n'en dis. Trop souvent en concédant des priviléges ou des subventions, l'on ne réfléchit point à quoi ou à qui l'on soumet les écrivains et l'art.

Après dix ans de travaux sérieux sanctionnés par les suffrages unanimes des principaux organes de la critique, et auxquels deux ministres de l'instruction publique avaient souscrit pour les bibliothèques nationales, j'ai demandé une lecture au Théâtre-Français sans vouloir subir l'examen préalable imposé aux débutants inconnus. Sur ma réclamation contre une première réponse négative, M. le Ministre de l'intérieur a bien voulu recommander par une lettre officielle mes titres particuliers à l'abrogation d'une formalité dont on se dispense en mainte occasion (1). L'aréopage de la rue Richelieu, se fondant avec un tact exquis, non sur le prétexte plausible de ses statuts, mais sur sa critique hétéroclite, a répondu de nouveau par la plume de M. Bulos, commissaire-royal, *qu'il ne trouvait pas, lui, mes titres assez distingués* (2) pour m'accorder trois heures d'audition sans le cachet de son examinateur.

Ainsi, non-seulement nos pièces manuscrites, hélas! mais l'appréciation de nos ouvrages imprimés, quels que soient leur ordre ou leurs sanctions antérieures, se trouvent incidemment soumises à ce nouveau tribunal, juge en dernier ressort. L'inconvenance le disputerait au ridicule, s'il n'y avait au fond une question vitale d'art et de droit.

Or, l'examen préalable est digne du reste par sa forme et sa teneur. Il inscrit sur le seuil de l'enfer théâtral cet exergue emblématique : *Ici plus d'espoir pour la liberté du talent, pour la dignité de la conscience.* On n'entre qu'en se courbant devant les Comédiens et en façonnant sa muse à leur goût.

Voici comment subsistent les choses à cet égard.

Un règlement rédigé par MM. les Comédiens décide que nul ne doit être admis à lire devant le Comité sans un examen préalable, s'il n'est auteur d'un certain nombre d'actes joués sur un Théâtre Royal.

On passe outre les règlements, bien entendu, toutes les fois que la recommandation ou le recommandé plaisent, lorsqu'un membre sociétaire le réclame, ou enfin l'examinateur a ses mots d'ordre. d'ailleurs pas la plus légère exception spécifiée en faveur des

---

(1) Sans invoquer de témoignage étranger, j'affirme *avoir lu en personne* devant le comité la tragédie d'un débutant qui n'avait pas été sacré par l'examinateur et qui a obtenu plusieurs auditions de la sorte. J'en dirai plus, si l'on m'y force, pour démasquer le mensonge de ces prétextes arbitraires sous la loi du bon plaisir.

(2) Voyez pour mieux apprécier leur conduite en cette occasion (page 26), le corollaire et la citation des articles envoyés par le ministère de l'intérieur au Théâtre-Français pour établir ma situation littéraire en réponse à leur premier refus. Des Bédouins ne sachant ni lire ni écrire agiraient avec plus de sens.

écrivains connus dont les œuvres présentent une garantie morale suffisante, au-dessus du jugement d'un seul. Ne devient-il pas très-injurieux, sinon burlesque, de les soumettre à un tel contrôle pour savoir simplement s'ils sont dignes d'être entendus? Gros Jean, élu sacristain, n'exigerait pas mieux le diplôme de son curé pour examiner s'il est en bonne forme avant d'aller au Chapitre.

Bien plus ! Messieurs les Comédiens ne daignent pas offrir le nom de leur agent examinateur comme une garantie de son aptitude et de sa probité. Qu'il soit un homme de lettres ou un employé à leurs gages, un classique ou un romantique, ou, comme quelques-uns le supposent, un moyen commode pour écarter qui déplait et piller qui plaît, silence complet là-dessus (1).

En vérité, dans un théâtre lié à la gloire nationale, il n'est point permis de traiter aussi cavalièrement les débutants inconnus d'où surgissent nécessairement les futurs noms illustres, encore moins ceux qui, en prouvant ailleurs une sérieuse vocation intellectuelle, ont le droit d'aborder la tribune Dramatique, ou du moins d'être jugés par leurs pairs.

Un examinateur anonyme, agent invisible, peut donc, suivant sa consigne ou son jugement arbitraire, fermer les portes même du comité de lecture à ceux qui n'ont pas été joués, s'appelassent-ils André Chénier, ou Camoëns, ou Bernardin-de-Saint-Pierre.

Le comité de lecture, deuxième degré de juridiction, imposé à tous, ne recèle pas des garanties plus équitables, tel qu'il est constitué par le décret de Moskou.

Neuf acteurs et actrices, le plus souvent sept, choisis alternativement parmi les dix-huit sociétaires de tout âge, de tout rôle et de toute éducation, sont-ils aptes à juger souverainement des œuvres où l'histoire, la poésie, la morale, la philosophie et l'art, sous les formes les plus savantes, se mêlent aux combinaisons scéniques? Pour moi, je n'accepterais à aucun prix un tel comité pas plus qu'un tel examinateur. Je n'avais réclamé lecture qu'afin de m'acquérir un droit, dont j'aurais usé sous certaines conditions et sous certaines réserves, et surtout dans l'espoir d'une prochaine réforme annoncée.

J'ai indiqué une mince partie des conséquences de pareils tribunaux, pour ceux qui s'y soumettent de plein gré ou de force, et leur influence désastreuse sur l'art. L'on ne mesure point

(1) Les complaisants qui remplissent la corvée à tour de rôle sont parfois d'une révoltante incapacité ; j'ai sur ce point des notions suffisantes pour défier la preuve contraire.

assez son étendue, haut monopole scellé par le patronage de l'État et qui s'exerce par deux juridictions sans appel.

1° Le Comité directeur, composé de 6 comédiens sociétaires, réglant avec les affaires contentieuses de la société la direction des études du Conservatoire, le choix du répertoire courant, l'admission des Artistes aux débuts ou aux engagements, trois parties importantes dans le premier théâtre européen.

2° Le Comité de lecture, composé comme nous venons de le définir plus haut, et recevant ou refusant en dernier ressort les pièces manuscrites des auteurs célèbres ou inconnus, jeunes ou vieux.

Monopole incroyable ! Il livre à ses interprètes mimiques, ou plutôt à ses géôliers, la clef de notre art théâtral, de ses enseignements et de ses spectacles, le choix des anciennes gloires à réhabiliter et le sort des successeurs de Corneille et de Molière ; vous en voyez les fruits.

Les Comédiens Aristarques se dressent entre le public et les auteurs, comme entre les auteurs et le public. Leurs règles, leurs opinions, voilà le code suprême, le beau idéal, forcément imposé à la muse comique et tragique : règles factices auxquelles nul n'échappe, pas même les victorieux. Qui peut savoir combien de vivaces instincts, de flammes génératrices elles ont étouffé dans le sein des jeunes travailleurs, combien elles ont retranché de fleurons à notre couronne nationale ! D'après ces règles, deux chefs-d'œuvres consacrés dans l'univers intelligent, l'Œdipe-Roi de Sophocle et le *Macbeth* Shakespearien, offerts par un inconnu, ne seraient point acceptés par le Comité actuel ni probablement par l'examinateur. Que dis-je ? malgré le nom du maître, l'un d'eux n'a été admis que mutilé, doctoralement affublé des oripeaux *du beau genre théâtral*.

Oui, sans doute, le théâtre a ses lois, comme toute chose dans l'ordre moral et physique ; mais ces lois sont-elle ce que les font messieurs les comédiens ?

Qui marquera les limites de l'art, les conditions du progrès, les époques et le degré des transformations nécessaires ? Qui prononcera impartialement entre les diverses écoles et tracera la juste mesure de leur développement libre ou de leurs mutuelles transactions ? Entre les comédiens qui veulent un théâtre de formules, d'imitation et de rhétorique, et nous qui réclamons un théâtre national vraiment Français, créateur, comme la Grèce a eu le sien, moral comme l'entendaient Racine et Molière, qui décidera ?

Sera-ce eux, accoutumés à n'étudier comme artistes exécutants que la partie mécanique et à tout lui subordonner? Sera-ce eux personnifiant une minime classe du public, principal arbitre intéressé dans la question? Sera-ce eux, illettrés la plupart et sans aucune instruction morale *obligatoire*.

Qu'on ne s'y méprenne pas, je ne mets en cause ni la raison ni le talent de ces Messieurs, ni la grâce ou l'esprit de ces dames. Je crois même leurs conseils très utiles à divers degrés sur des points spéciaux ou pour les œuvres taillées dans les patrons usuels ; seulement proclamons-le bien : On peut avoir beaucoup d'esprit et de mérite dans une specialité, sans être apte à juger, comme arbitre, une partition, un tableau, un drame, un poème. Il y a dans chaque branche des sciences et des arts des hauteurs, des points fondamentaux, des nœuds gordiens dont une longue pratique ou des études approfondies donnent seules l'intelligence exacte. Quant aux instincts miraculeux et aux universalités, Dieu en ménage les phénomènes ; l'interversion des rôles enfante partout la confusion des choses et des idées, comme elle existe parmi les Procustes théâtrals ; ceci ne date pas d'aujourd'hui. Leur joug a, dès l'origine, pesé sur les athlètes plus forts ; un exemple entre cent.

Les acteurs qui jouèrent primitivement *Mohomet* supprimèrent le délire de Seïde, parce qu'ils le trouvaient *trop difficile à rendre*. Pourtant l'auteur s'appelait Voltaire ; que n'osent-ils point vis-à-vis les noms plus modestes ?

Soyons-en convaincus ; Shakespeare et notre inimitable moraliste ont dû leur profonde originalité à ce qu'étant directeurs de troupes, ils réalisaient plus librement leurs inspirations et traitaient sans intermédiaires avec le public.

Vous avez vu comment ces intermédiaires pratiquent leur bienveillante mission envers les lettres ; voici comment ils la comprennent dans leur art.

Une chose excellente avait été instituée par le décret impérial, la création d'un professeur de grammaire, de mythologie, d'histoire et de littérature dramatique pour les élèves du Conservatoire: réglement d'autant plus sage que la majeure partie de ces élèves sortent, on le sait, des classes les plus incultes. C'en est un honneur plus grand de s'élever aux plus éminentes. Les modernes sociétaires, si prompts à invoquer les réglements qui leur assurent des prérogatives, ont laissé tomber celui-là en désuétude, sans doute afin de borner leur enseignement didactique à celui de la nymphe Écho.

Qu'est devenue entre leurs mains cette école si précieuse ? Impuissants à la diriger dans des voies nouvelles et fécondes, à y unir sagement l'étude des anciens rôles et celle des rôles nouveaux, ils y façonnent des élèves auxquels ils ne peuvent offrir de carrière durable, et sont réduits par leur détresse à solliciter humblement sur les scènes secondaires des talents (1) scéniques, comme ils y sollicitent des auteurs, eux si superbes avec les représentants de la littérature élevée.

Dirigent-ils mieux leurs choix dans l'ancien répertoire, vaste champ où ils n'ont qu'à glaner comme dans leur patrimoine ? Ce choix exige encore en bien des cas de hautes notions littéraires ; car entre les sifflets et les bravos, ou les mouvantes fluctuations de la recette, il y a des tendances fécondes, des instincts généraux à étudier, des initiatives à prendre ou de mauvaises traditions à proscrire. Sans éveiller des controverses mieux placées ailleurs, observons qu'ils maintiennent obstinément sur leurs affiches, malgré le sentiment unanime, les imitations de Ducis éclipsées avec leurs raisons passagères de succès honorables, et devant la connaissance approfondie de son modèle, d'une plus grande vérité dramatique ; en revanche ils ne jouent presque jamais *Athalie* et ont sagacement repris la *Frédégonde* (2) au lieu de l'*Agamemnon* de Lemercier. Serait-ce faute d'un personnel capable de représenter dignement ces belles œuvres, où se meuvent autour de la royale infanticide et de la prophétesse Cassandre des figures vivantes, non des comparses et des personnages déclamatoires ?

Mademoiselle Georges errante, emportant avec elle plusieurs rôles majestueux, et au bénéfice de laquelle le comité a défendu de concourir après 20 ans de guerres secrètes, la protestation fanatique de trois membres contre l'admission de M. Bocage (3) dénotent suffisamment leur esprit de fraternité à l'égard de leurs confrères ?

Il est d'autres abus, quelques-uns disent d'autres scandales, que je ne puis passer sous silence.

Certains artistes, surtout les femmes servies par leur situation triomphale, sont rétribuées sans limite sur les fonds de l'état, et

---

(1) En 1846, ils ont fait d'obséquieuses tentatives pour engager Mlle Rose Chéri du Gymnase et Mlle Judith des Variétés.

(2) La reprise de *Frédégonde*, comme appartenant aux chroniques de notre histoire, serait plus intéressante, à coup sûr, si la tragédie était moins incomplète.

(3) (Voyez le livre de M. Laugier), or ces Messieurs rappellent l'esprit de fraternité à **Frédéric Le maître**, audacieux signataire de la déclaration des Treize.

leur chiffre d'une main, leur démission de l'autre, étalent le spectacle d'une ruineuse enchère perpétuelle. La régénération du Conservatoire et des engagement plus catégoriques ne mettraient-ils pas un frein à de pareils oublis ?

En face de ces priviléges, et tandis que l'on assure très-justement d'ailleurs l'existence des élèves bien doués, comment n'y a-t-il point d'encouragements réservés sur la subvention théâtrale pour les jeunes auteurs sans fortune dont les essais toujours si laborieux donnent de précieuses espérances? Le fonds de la subvention générale, dont une faible partie concerne cette nature d'encouragement, est engagée aux trois-quarts, et ne s'alloue qu'à certaines positions acquises dont quelques-unes n'en n'ont précisément plus besoin. On dit donc aux inconnus ou aux écrivains connus non joués : vous n'êtes pas encore auteur dramatique. Le moyen de le devenir sans ressource avec tant de geôles pour passage !

Camille Bernay, dont la verve satirique promettait un héritier de Beaumarchais, d'abord s'est vu refuser lecture à l'Odéon, et après deux ou trois succès théâtrals littéraires non productifs, mourut à la suite de longues luttes voisines de la misère. Pendant ce temps-là un auteur célèbre et prodigue touchait en quatre années 21 mille francs de primes pour l'honneur de simples lectures à la Comédie-Française, et le commissaire-royal touche annuellement sur la même subvention, outre ses six mille francs d'appointements réguliers, six mille francs extraordinaires pour les services qu'il rend à l'art dramatique, bien qu'il ne soit ni artiste ni auteur, et qu'au point de vue administratif, les déplorables crises de la société décèlent peu son génie.

Je suis obligé d'ajouter par les mêmes motifs que la fonction de commissaire-royal exigerait un homme compétent en matière littéraire, d'autant plus qu'il vote au comité de lecture, et le choix du titulaire actuel a soulevé constamment de légitimes récriminations(1); car l'administration d'une Revue ne prouve pas cette compétence et a en outre le grave inconvénient d'importer au Théâtre-

---

(1) Chacun les exprime tout bas et tout haut en termes beaucoup moins réservés. Que M. le Ministre, s'il estime sa personne, nomme M. Buloz directeur d'une manufacture ou commissaire d'un chemin de fer; il pourra y rendre des services. Mais sa prépondérance officielle au temple de Corneille et de Molière ne saurait être tolérable, à moins qu'on ne restreigne son rôle à une action purement administrative, et qu'on ne supprime son droit de vote au comité de lecture. Vingt spéculateurs plus ou moins industrieux, pour avoir fondé ou dirigé fructueusement des journaux avec l'esprit d'autrui, auraient-ils acquis droit de critique ou de bourgeoisie littéraire, et ne serait-ce pas insulter les auteurs que de leur imposer de tels juges *au nom du gouvernement?*

Français l'influence directe d'une nouvelle coterie, jointe à celles dont les rivalités s'y disputent l'empire.

En vérité, en vérité, privilége, brevet, diplôme ni uniforme, n'ont le pouvoir de la baguette féerique, ni n'inculquent la science et le tact d'une fonction. Que l'on me permette de raconter, comme preuve typique, une aventure dont j'ai été le témoin oculaire; les absurdités dans l'ordre moral ne frappent pas tant la multitude quoiqn'elles soient aussi incroyables et plus funestes.

Un jour, en revenant du Carrousel, à l'un des guichets du Louvre, je vis un groupe de passants arrêtés par une altercation survenue entre le factionnaire et une accorte paysanne. Celui-ci prétendait empêcher la jeune femme de traverser la cour, parce qu'elle avait dans les bras un paquet. Or, le paquet profane n'était autre qu'un joli enfant tout emmailloté à cause du froid, et l'agreste porteuse entrouvrait vainement la dentelle blanche pour laisser apercevoir la petite figure d'ange. — « Les paquets ne passent pas; c'est la consigne » répétait le soldat en la repoussant d'un ton brutal. Il fallut l'intervention de la foule amassée pour désarmer la baïonnette inintelligente. Pendant la querelle deux personnes, chargées de fardeaux incongrus, s'étaient glissées à l'improviste.

Combien de commissaires royaux, d'inspecteurs, d'examinateurs, de comités et de jurys, anormalement élus, laissent ainsi passer les *paquets* pour repousser l'œuvre naïve et vivante, divinement enveloppée des langes de la poésie! c'est notre consigne, disent-ils.....

Je me résume.

Le décret de Moskou, trop vanté à cause de son origine illustre, a fondé tout le mal en perpétuant une vicieuse anomalie, en assujétissant la littérature dramatique à MM. les Comédiens, les crateu rs aux interprètes. Une même erreur fondamentale et traditionnelle persuade que l'on assure l'art théâtral en les protégeant, et la légitime fascination, exercée par leurs talents supérieurs, semble incarner en eux, représentants visibles, la gloire des maîtres invisibles dont ils ne forment que les instruments plus ou moins habiles. Ce sont les auteurs, on l'oublie trop, qui font le théâtre glorieux, leurs droits qu'il faut surtout assurer; leurs belles œuvres créeront plus d'éloquents interprètes que de fastueuses subventions.

Loin de moi la pensée de rabaisser l'art de Melle Mars et de Talma ni de retrancher à ses dignes adeptes leur part au festin de la gloire et de la vie. Je proteste seulement, au nom de tous et après tous, contre la dictature inique dont l'état les investit à nos dépens. La justice et la logique veulent qu'on mesure leur pouvoir et leurs attributions sur leur degré de compétence et d'action dans l'art, et qu'on associe à sa direction les autres éléments sociaux, ses membres naturels.

Tels sont les principes qu'il importe de poser.

Je n'ai point traité ni ne traiterai la question financière et administrative; d'autres s'en chargent : le vice capital n'est point là dedans. Je le répète, le régime directorial essayé depuis 1830, à la demande même des sociétaires, a pu comme il pourrait encore opérer des améliorations passagères, non, comme on se le figure, apporter des remèdes sérieux, s'il n'est accompagné de nouvelles conditions très précises.

On a parlé d'un spéculateur qui liquiderait l'ancienne société en prenant à ses risques et périls la direction théâtrale, comme une exploitation particulière avec le secours annuel de la subvention. Quelques autres, en petit nombre, vont plus loin; ils réclament la libre concurrence et la suppression de ce qu'ils nomment le monopole des subventions.

Je ne protesterai pas moins vivement contre la transformation de notre premier théâtre national en spéculation industrielle, sous quelque forme et sous quelque nom qu'elle s'exécute. Je supplie tous ceux qui s'intéressent à l'art et à notre vieille gloire de ne pas le permettre; ce jour là le Théâtre-Français sera irrémissiblement perdu comme institution, et avec lui la haute littérature dramatique tombera sans retour dans l'urne de l'agiotage universel.

Or, ce n'est point la ruine, mais la constitution normale du corps des sociétaires que je réclame. Il importe également aux auteurs de trouver dans les théâtres placés sous le patronage de l'état certaines garanties tutélaires, certains devoirs qui ne sauraient être imposés ailleurs. La nation, héritière de ses gloires, se profanerait en abandonnant leur culte immortel à l'exploitation commune par de misérables systèmes économiques.

Répondons encore à quelques objections soulevées en plusieurs lieux pour paralyser tout projet de réforme vitale.

Les autres théâtres royaux subventionnés, me dit-on, présentent la plupart le même monopole arbitraire sous des formes diverses. Dans ceux non subventionnés, même à l'Académie Royale de musique, un directeur juge, accepte ou rejette sans contrôle, en dernier ressort. Les comédiens sociétaires n'ont-ils pas un titre égal? Je n'ai point à examiner ici l'organisation des autres théâtres, dont nulle n'est à citer comme modèle, ni des réformes générales à introduire dans la charte de ces écoles, où le peuple puise un bon ou un mauvais enseignement. Tout en admirant les hautes compositions musicales, tout en appréciant la valeur relative des autres genres, je me bornerai à observer que le théâtre Français, par son genre et son passé glorieux, exerce une influence plus directe sur les mœurs et la littérature, une sorte de suprématie exceptionnelle.

On dit encore aux mécontents : Faites comme C. Delavigne et Ponsard; allez à l'Odéon, où subsiste un comité composé d'éléments meilleurs avec un examen préalable *probablement* plus facile (témoin le refus de lecture à Camille Bernay). Ceci ne mérite pas de réponse. Les auteurs vont où ils le trouvent convenable, et quand ils frappent à un théâtre subventionné, ils ont le droit d'en exiger des procédés rationnels : ceux du premier font mal augurer de ceux du second et les autoriseraient au besoin.

Mais on ajoute avec un sang-froid plus sérieux : le Théâtre-Français est subventionné pour jouer les ouvrages du vieux répertoire ; l'Odéon est là pour les nouveaux.

Qu'il soit littéraire et national d'entretenir sur notre première scène la représentation de nos chefs-d'œuvre comme des feux sacrés pour éclairer les générations naissantes, nul ne le conteste. Toutefois, nous l'avons remarqué, il y a un choix à faire (1), un ordre à suivre, selon l'esprit des siècles. Je voudrais en outre qu'on les représentât toujours avec l'ensemble digne d'eux, non avec des vieux décors, des comparses grotesques et des doublures incapables. Certaines représentations usuelles sont, comme certaines traductions, dites classiques, des diffamations sacrilèges du génie.

Prétend-on que la subvention est allouée dans cet unique but? Fort bien. 200 mille francs votés à MM. les comédiens pour réciter les vers et la prose des maîtres qui n'ont jamais gagné pareille somme avec leurs œuvres, si j'en excepte Voltaire. Et l'Odéon, auquel vous renvoyez tous les auteurs nouveaux, n'a que 100 mille francs et menace perpétuellement de fermer. Comment subsisteront

---

(1) Les anciennes pièces n'ayant plus de droits d'auteurs, et deux sociétaires composant eux-mêmes des ouvrages théâtrals! double raison pour poser des bornes au culte rétrospectif et à l'influence de voix aussi intéressées.r

ce théâtre et ces auteurs ? Je m'écrierai comme le portier de l'O-
restie : Les morts tuent les vivants !

Autre thèse d'usage : « De quels éléments sûrs, de quels hommes infaillibles composerez-vous votre comité ? Des auteurs ! ne surgira-t-il point des rivalités, des passions pires ? » Les passions appartiennent à tout le monde, l'infaillibilité à personne. Boileau a exclu Milton et Dante du Parnasse des épiques, comme il aurait exclu Shakespeare de celui des tragiques, et le censeur Crébillon interdit *Mahomet*, réhabilité par D'Alembert, second examinateur. Ces exemples enseignent à ne pas soumettre iniquement à un seul homme la destinée des autres, à n'établir de jurys ou de comités que dans les cas et avec les prévisions nécessaires. Si Boileau et Crébillon commettaient des sottises, que fera un sot ou un homme vulgaire, critique ou examinateur à leur place ? Des comités incompétents ont d'abord l'inintelligence, plus les mauvaises passions. Quelqu'aptitude qu'ils aient, des auteurs, des académiciens seraient même des juges partiaux, si on ne les choisit dans les diverses écoles et si l'on n'y adjoint d'autres éléments de contre-poids. Au surplus (1), des mots, des phrases, des prétextes, pourquoi et contre quoi n'en n'évoque-t-on pas ? tout cela ne détruit point les bases de la logique ni l'indignité d'une longue succession de faits anormals.

Non ! quand même MM. les comédiens, alarmés du soulèvement général des écrivains et de l'abaissement continu de leur caisse, déploieraient une activité désordonnée pour réparer leurs fautes ; quand même ils réaliseraient toutes les merveilles mensuellement proclamées par la Revue de M. Bulos et leurs autres trompettes, quand même ils tireraient avec un choix plus ou moins judicieux de leur cartons nombre d'auteurs inconnus, quand même ils reprendraient *l'Othello* vraiment Shakespearien de M. de Vigny, quand même il leur tomberait entre les mains un thésorifique succès comme ils en rêvent depuis *Lautréamont* jusqu'à *la Tour de Babel*, quand même ils rachèteraient, selon leur coutume, en humbles sollicitations et génuflexions près les auteurs célèbres leurs gracieuses injures de la veille ; quand même, pour gage de leur bienveillance envers la littérature élevée, ils accorderaient dix lectures sans examen préalable à dix auteurs d'almanachs, de couplets grivois et de romans monstres ; quand même enfin ils m'offriraient une prime pour lire

---

(1) La question n'est pas d'empêcher que les exclus ne crient, chose impossible, mais que ce soit les hommes de talent et pour des causes justes.

ma pièce et la rejetteraient à la majorité de neuf voix sur huit (celle de M. Buloz compte pour deux, m'affirme-t-on, en certains cas), tout cela ne changerait rien au fond des choses, ni ne constituerait un ordre rationnel. Encore une fois, il ne s'agit point de ces pauvres cartons tant dénigrés, ni de Monsieur tel ou tel, ni de moi, ni de quelques auteurs à satisfaire, mais de l'examinateur, du comité, du public, de l'art et des auteurs, de la justice et de la raison.

Il reste à réfuter une dernière objection, la plus grave en apparence : je veux parler de la situation légale des sociétaires du Théâtre-Français. La voici en deux mots :

Le décret de Moskou, qui a constitué la société actuelle des comédiens comme une sorte de république indépendante, l'a mise en même temps sous la direction absolue du surintendant des finances; et le ministre représente aujourd'hui le surintendant. Donc, il a comme lui pleine latitude pour modifier et réviser. Néanmoins, il n'ose user de son pouvoir discrétionnaire parce que MM. les comédiens, prétendant rendre l'État passible de leurs dettes, saisiraient le premier acte impératif de l'administration supérieure comme la preuve qu'ils ne se gèrent point, et sont gérés par l'État, leur tuteur responsable : Prétention digne de Figaro et jugée en deux sens divers par par le Conseil d'État, tellement on a bien assis leur oligarchique aréopage. Mais, ce que nul ne dénie, le point capital, c'est que le ministre a le droit absolu de modifier, et les chambres celui de ne pas subventionner ou de ne subventionner qu'à certaines conditions (1). Pourquoi donc sacrifie-t-on à de vaines thèses les droits des auteurs et les intérêts de l'art que l'État ordonne aussi de respecter ? On a deux moyens faciles de les garantir : le premier, dans la constitution même des sociétaires dont le ministre a le plein pouvoir ; le deuxième dans la constitution générale des théâtres actuels.

Les garanties exigibles et à introduire, soit dans le comité de la rue Richelieu, soit dans les autres théâtres subventionnés, se trouvent d'avance assurés, si l'on en suit fidèlement le but, par les modes législatifs en vigueur : savoir, un cahier des charges, c'est-à-dire des règlements rationnels et précis imposés avec la

---

(1) M. Hyppolite Lucas, qui ne trahit point les intérêts de l'art, quoique l'ami des comédiens, a cité une clause particulière établie en 1332, et d'après laquelle les secrétaires, en échange de l'augmentation promise de la subvention portée de 15,000 fr. à 20,000 fr., ils abandonnaient leurs droits administratifs à l'autorité supérieure. L'augmentation a eu lieu, et ils n'en sont pas moins demeurés maîtres : tolérance inexplicable.

subvention, un commissaire royal pour faire exécuter strictement les articles du cahier des charges et la commission des théâtres royaux pour transmettre les rapports généraux à l'autorité supérieure. Qui arrête? le vice intolérable des choses est reconnu par l'autorité comme par nous; un projet réglementaire, rédigé en 1834 avec le concours de la commission des théâtres royaux par la direction des beaux-arts, attend la décision ministérielle dans les archives. Déjà une réforme a été proposée en 1846 relativement au comité de lecture. Pour être bonne, elle doit réaliser un ordre nouveau en harmonie avec les besoins et les progrès (1). Je crois donc utile de soumettre à l'examen un plan muri longuement sur ces principes. Que l'on s'éclaire au besoin des avis réunis de tous les grands corps intéressés à la gloire nationale littéraire et des matériaux légués par tous les esprits sérieux.

Provoquer une décision salutaire, ouvrir l'arène aux talents forts et libres muselés, assassinés par mille entraves muettes, une large tribune à ces magnifiques accents dont le verbe moralise et grandit les peuples, voilà mon unique vœu, mon unique tâche; je la poursuivrai sans trêve par toutes les voies légales jusqu'à l'heure de la justice. Dans ma situation, où il m'eut été loisible d'accepter *des acommodements avec le ciel et ma conscience,* de me frayer mon chemin contre mon usage et selon l'usage commun, sans m'inquiéter des autres, il y a peut-être quelque courage à l'accomplir; car je n'ignore pas les rancunes implacables auxquelles je me dévoue dans la carrière dramatique pour avoir osé articuler consciencieusement l'impartiale vérité sur la dictature antique de Messieurs les Comédiens du Roi. (2)

SÉBASTIEN RHÉAL,

Auteur des chants du psalmiste, du romancero des divines féeries et de la traduction des œuvres de Dante.

(1) La commission spéciale nouvellement nommée dans ce but, est venue réaliser notre désir ; espérons en ses lumières.

(2) Supposez à ma place un malheureux débutant, sans autre carrière ni titres reconnus, ni force de lutte, ni ressource, hélas! que son œuvre, sans recours ni tribunal pour entendre sa plainte, et dites-moi si on ne lui ouvre pas plutôt les portes de l'hôpital que celles du théâtre. Qui s'occupe sérieusement du sort des nouveaux-venus, et combien d'étouffés pour un qui éclôt, le plus souvent par des circonstances étrangères à son mérite ? Les nouveaux-venus pourtant représentent l'avenir.

Il est fort spirituel de railler agréablement les *incompris ;* il le serait davantage d'avoir des juges assez sagaces, des réglements assez équitables, pour fermer la porte à l'intrigue et à la médiocrité, aux exploitateurs mercenaires et pour l'ouvrir à la moindre bonne lueur, de façon que les *incompris* méritassent toujours de l'être. Le *Paradis perdu, Don Quichotte, Phèdre, Athalie* et *Polyeucte* ont d'abord été des *incompris* dédaignés pour les *chefs-d'œuvre* contemporains, et Shakspeare vaincu par les ours. Gravez cela sur le frontispice de vos théâtres.

PROJET DE RÉGLEMENT

POUR LA DIRECTION LITTÉRAIRE ET ARTISTIQUE

DE LA COMÉDIE FRANÇAISE.

Quels que soient la forme administrative du Théâtre-Français et le chiffre de sa subvention annuelle ;

Sera perpétuellement adjointe, soit au directeur titulaire, soit au comité sociétaire et à M. le commissaire du Roi, une commission libre composée de 24 membres expressément choisis, dans les diverses opinions ou écoles littéraires, parmi les membres de l'académie Française et de celle des Sciences Morales, des deux chambres, de la société des auteurs dramatiques et de la société des gens de lettres.

Les 24 membres seront nommés par le ministre de l'intérieur, sur la présentation de la direction des beaux-arts et de la commission des théâtres royaux, et remplacés par le même mode en cas de mort, de démission ou de révocation pour manque aux règlements. Ils auront droit à leurs entrées gratuites au Théâtre-Français pendant toute la durée de leurs fonctions fixée à cinq ans, après quoi aura lieu un nouvel arrêté pour la réélection ou des choix nouveaux.

La première assemblée générale de la commission décidera s'il doit être alloué des jetons de séance, comme dans les académies et le comité actuel ; elle réglera ses autres statuts particuliers, de concert avec le directeur des beaux-arts, le commissaire royal et un membre délégué de la commission des théâtres royaux ayant, comme représentants du ministre, droit de vote extraordinaire dans toutes les séances dlibératives.

Cette commission sera divisée en deux catégories égales, l'une spécialement pour le comité de haute surveillance, la deuxième pour le comité de lecture, chacune avec des attributions très distinctes.

La fonction du comité de haute surveillance, après avoir consulté le directeur élu ou le comité sociétaire, sera de régler tous les ans le choix général du répertoire soit parmi nos anciens classique, soit parmi les pièces étrangères traduites, soit parmi les ouvrages modernes acceptés du public ; il réglera les modifications successives à introduire dans l'enseignement du conservatoire, dans la mise en scène, et donnera son avis sur l'admission des artistes nouveaux, sur les demandes extraordinaires d'appointements qui engagent la subvention, et sur toutes les importantes questions en litige.

Dans le cas de différent grave entre le directeur ou les sociétaires et le comité de haute surveillance, un tribunal arbitral désigné à l'avance décidera, ou selon la nature des faits, l'autorité supérieure ; dans le cas ordinaire la simple majorité. Ces cas, ainsi que la nature du tribunal arbitral, doivent être prévus dans les statuts de la commission pour déterminer le mode intérieur de ses rapports.

Le comité de lecture, composé des douze membres de la deuxième série, continuera de recevoir ou de rejeter à la majorité des voix les pièces nouvelles présentées au théâtre ; seulement, six des principaux membres du comité sociétaire lui seront adjoints à cet effet. Le nombre des membres présents, y compris le commissaire du roi, sera au moins de neuf, ainsi composés : Un tiers des académiciens ou hommes de lettres, un tiers des acteurs, un tiers des membres mixtes. Au cas de besoin, pour compléter le nombre nécessaire, trois membres du comité de haute surveillance pourront être convoqués.

Dans le cas où la majorité ne se trouverait pas suffisamment éclairée par la simple audition d'une pièce, on demandera le dépôt du manuscrit pour un délai fixé du consentement de l'auteur, et une deuxième réunion sera convoquée pour décider après les lectures particulières. L'article relatif aux pièces reçues à correction restera en vigueur comme celui de la distribution des rôles. Les corrections jugées nécessaires à la mise en scène seront faites de consentement mutuel.

Si toutefois un différent s'élève entre un auteur et un acteur ou le comité sociétaire pour la distribution des rôles, le comité de haute surveillance décidera en dernier ressort. Du reste, un auteur aura toujours droit de maintenir l'intégrité de sa pièce telle qu'elle a été reçue par le comité de lecture pour la représentation ; mais il sera tenu de suivre l'avis du comité de surveillance pour les modifications graves ou coûteuses qu'il jugera nécessaire aux répétitions.

Toute pièce reçue devra être rigoureusement représentée à son tour de rôle, sous peine d'indemnité envers l'auteur. Il n'y aura de tour de faveur admissible que pour les pièces reçues à la majorité de plus du deux tiers des voix, et sur la demande spéciale du comité de lecture ou de celui des sociétaires.

Le comité de haute surveillance fixera le nombre des tours de faveur, et celui des pièces nouvelles à représenter concurremment avec l'ancien répertoire, toujours par moitié à peu près égale dans chaque genre, suivant les succès, les circonstances et le nombre des pièces reçues.

Il y aura une lecture par semaine d'une pièce en cinq actes ou de deux d'un nombre inférieur.

Les primes pour lecture ne pourront être rétablies sous aucun prétexte ; tout marché ou engagement portant atteinte aux intérêts généraux sera nul de droit.

L'examen préalable continuera d'être imposé de la façon suivante aux inconnus débutant dans la carrière dramatique :

Un examinateur, honorablement connu par ses antécédents littéraires, sera chargé de lire les manuscrits déposés au secrétariat, selon l'ordre de leurs dates ; il transcrira sur un registre spécial, dont la copie sera envoyée à l'auteur dans le délai d'un mois, son avis explicitement motivé. Toutefois cet avis, avec sa décision sur la demande de lecture, devra être d'abord approuvé par deux membres du comité de haute surveillance délégués pour réviser au besoin les jugements de l'examinateur ; des appointements fixes lui seront alloués pour sa charge.

Sont dispensés de l'examen préalable les auteurs joués sur l'un des théâtres royaux ou qui ont obtenu des succès littéraires sur un des autres théâtres, les membres de l'Institut, les écrivains pensionnés sur les fonds de l'État ou par les académies à titre de récompense et d'encouragement, enfin les écrivains connus par des ouvrages sérieux d'histoire, de poésie ou de science morale, et qui produiront les suffrages imprimés de plusieurs principaux organes de la critique.

L'examinateur, de concert avec les 2 membres délégués du comité de haute surveillance, prononcera sur les cas et les titres de dispense, d'après ces clauses.

Une somme de 15 mille francs sera prélevée tous les ans sur la subvention ou allouée par un crédit spécial pour les encouragements aux jeunes auteurs débutants qui annoncent des dispositions remarquables à cultiver les genres élevés de la littérature dramatique. Lorsque le crédit alloué n'aura pas reçu d'emploi total, la somme restante sera reversible au profit de l'année suivante. Ces encouragements seront accordés dans les cas et d'après les modes suivants :

Il y en aura de trois degrés. Les pièces reçues, même à correction, seront admises au premier ; celles refusées à la majorité d'une seule voix, au deuxième ; celles à la majorité d'un tiers, au dernier ; mais le titre à l'admission pour ces deux degrés devra être exprimé par un vote spécial dans la délibération du comité de lecture. Nul encouragement ne s'étendra, sous aucun prétexte, à plus de trois années.

Le comité de surveillance aura de même la faculté de proposer par un avis motivé des encouragements au troisième degré pour les jeunes auteurs des pièces où l'examen préalable, tout en leur refusant lecture, aurait distingué des germes d'avenir, et au premier degré pour les auteurs joués dont les pièces n'auraient pas obtenu de succès productif, quoiqu'avec des qualités éminentes.

Le commissaire royal transmettra la demande à M. le Ministre de l'intérieur. Pour y avoir droit dans tous les cas, il faudra être notoirement sans moyens d'existence suffisante et n'avoir de pièce au répertoire d'aucun théâtre, car ces encouragements sont réservés aux débutants, les autres y ayant droit sur le fonds général des indemnités aux auteurs dramatiques.

Le comité de haute surveillance règlera les dispositions supplémentaires qui ne contreviendraient pas aux présentes.

Quelques mots de réponse aux observations du comité de la Comédie Française insérées dans le Journal des Théâtres. (19 août 1846.)

Le comité sociétaire ayant publié une défense collective pour la Comédie Française, à l'occasion des attaques dont le refus de la pièce de M. Ad. Dumas devint l'objet, et ses arguments pouvant se reproduire, terrassons les plus redoutables. Deux mots suffiront.

Comme nous l'avons dit, *l'Ecole des familles* n'a été qu'un incident, non le fond de la question. Le tort de son auteur a été de proclamer sa foi aveugle dans la justice de MM. les comédiens, tort ou faiblesse contradictoire que nous n'imiterons pas, et tout individuelle. A l'exemple des jurys, l'aréopage mimique demande avec un glorieux aplomb si la pièce proscrite est un chef-d'œuvre. Une demi insolence et un refus ne valent pas une raison modeste. Nous demandons, nous, simplement, après vingt autres, si elle ne renferme pas de meilleurs éléments que celles reçues et jouées par eux. Voilà l'unique question honnête à poser dans chaque circonstance analogue.

Le *factum* de MM. les sociétaires atteste la probité de leur conscience dans leurs jugements. Ce n'est point leur conscience ni leur probité que j'accuse, mais l'étroitesse de leurs systèmes personnels sur le théâtre, mais l'incapacité radicale de leur aréopage comme représentant de l'opinion et arbitre absolu d'une question d'art. Combien de pièces reçues à acclamations, tombées au bruit des sifflets? Qui jugera entre eux et la multitude? Le comité sociétaire déclare ne pas reconnaître comme sérieuse ou légitime une réunion composée de poètes et de critiques. En vérité, le club où siègent MM. Samson, Régnier, Mlles Anaïs, Brohan, etc., paraît-il plus sérieux que celui qu'il nomme avec un ridicule dédain la ligue des treize? Sans la routine et l'ignorance, oserait-on débiter en plein vent ces billevesées?

« Où puisent-ils, s'écrie le sextumvirat des coulisses blessé au cœur, où puisent-ils le droit de jeter du discrédit sur une administration théâtrale, de nuire à la considération d'autrui? » Et où MM. les comédiens puisent-ils le droit d'exclure un auteur, de nous juger et de nous faire juger même par les agents à leurs gages, de jeter du discrédit sur nos œuvres littéraires? Dans leur privilège légal ! Ce privilège est une dérisoire iniquité contre laquelle nous protestons. Quant aux treize, ils ont usé du droit naturel, je dirai, du devoir des écrivains contre tout abus et toute injuste proscription, comme l'appel à ses pairs est un droit général imprescriptible, comme en dernière analyse on a droit d'en appeler au public, du public à la postérité, sauf à perdre sa cause. Le rôle de Sganarelle battu et content ne convient pas à tout le monde.

« Nous sommes malheureux ! La subvention est notre unique aliment, » s'exclament encore les didactiques plaideurs pour apitoyer sur leur sort. Nous ne voulons pas leur ôter leur pain, tant s'en faut. Mais nous croyons celui des auteurs non moins sacré. Si la subvention vous nourrit, leur répondrais-je, vous êtes plus heureux que les écrivains, car ils n'ont certes pas comparativement une subvention égale, ni des pensions de la taille des vôtres, quand ils en ont, et quelques-uns fort distingués ont péri dans la sève de l'âge, faute de secours suffisants. Si la subvention vous nourrit, c'est, après tout, aux auteurs morts et aux vivants que vous le devez; car si vous prétendiez jouer vos seules pièces, je doute qu'on vous allouât 200 mille francs. Par délicatesse ou par prudence, ne méprisez donc plus ni les droits de l'état, ni ceux des auteurs.

Enfin, comme raison concluante, le *factum ajoute ironiquement pour confondre ses adversaires :*

« Qu'est-ce que la littérature élevée ? Une partie de la presse traîne tous les jours dans la boue ce qu'une autre partie élève aux nues ». Où MM. les comédiens ont-ils vu qu'une partie de la presse traînait dans la boue le *Cid* et *Athalie* pour élever jusqu'aux nues les œuvres de l'Arétin et l'Astrée de Mlle de Scuderi, et parmi les modernes, les chants populaires de Béranger ou les *Orientales* de Victor Hugo, pour déifier les discours de M. Samson ou les Épitres de M. Buloz ? Le petit nombre de ceux qui ont le jugement intact sait distinguer dans l'effervescence inévitable des controverses actuelles l'exagération et les motifs secrets des apothéoses éphémères, des envieux silences ou des injustes dénigrements ; car le beau et le vrai, contestables dans leurs formules incomplètes, s'affirment comme le jour à leurs degrés supérieurs, excepté pour les aveugles.

La littérature élevée, comme M. Ad. Dumas vous l'a personnifiée judicieusement, s'appelle tour-à-tour, La Bible, Homère et

Dante, Sophocle et Shakspeare, Molière, Corneille et Lafontaine ; la littérature élevée, on me permettra d'emprunter sa définition à l'un des articles où on me faisait l'honneur de me ranger parmi ses fervents apôtres, la littérature élevée, MM. les sociétaires, est celle qui a pour mission d'instruire et de moraliser, pour but la glorification du beau dans l'ordre moral et physique ; celle qui, ajouterai-je, sous le masque satirique ou les sanglants appareils, cherche à réunir la vérité historique locale, et l'éternelle vérité humaine, et l'inspiration divine, selon le génie progressif de l'art, des temps et des peuples ; celle à quoi nous devons aspirer, sans compter les obstacles, la vogue ni le gain et dont l'état entend protéger le culte, si je ne me trompe. Ce n'est donc pas celle qui roule servilement, d'après un certain ordre mécanique immobile nommé *le genre théâtral*, sur des tableaux factices, des intrigues surannées et des lieux communs sans correspondance avec la vie intellectuelle contemporaine, sans autre but que les succès de la claque et de la recette, sans leçon sérieuse pour le cœur ni pour l'esprit, celle en un mot dont la majorité des comédiens préfère imposer les saintes traditions au public et aux jeunes auteurs.

Laquelle vaut le mieux ?

Extraits abrégés des articles transmis par le ministère de l'intérieur au Théâtre-Français pour établir la situation littéraire de l'écrivain auquel le comité sociétaire a refusé lecture sans examen préalable (1), *et dernières explications personnelles.*

Les trois extraits suivants, choisis entre ceux officiellement envoyés à M. le commissaire royal, résument les jugements exprimés en termes plus ou moins étendus dans les principaux organes de toutes les opinions, le *National*, la *Gazette de France*, la *Revue Britannique*, le *Courrier Français*, le *Journal des Débats*, etc. La plupart signés des noms les plus honorables dans les lettres (2).

(1) Je dois remarquer que M. Ligier, lors de ma demande, était en voyage, et voulant frapper un pouvoir, non des personnes, je ne nommerai point la trinité directrice qui *noue* et *dénoue* ; observons-le seulement, son chef, M. Samson, homme d'esprit à coup sûr, est l'auteur du factum mentionné ci-dessus.

(2) Ecrivant pour des principes, non par un frivole amour-propre ou par une ambition mercantile, j'évite de relater ici les passages de pure appréciation littéraire, en un mot, toute louange uniquement personnelle.

S'ils ne renfermaient que des compliments banals ou les flatteuses déifications *de mon génie*, je n'en citerais même rien; mais en voyant les sérieux témoignages d'estime accordés unanimement à la moralité, au sentiment national, au culte poétique, c'est-à-dire aux principes dont je m'honore et auxquels j'en reporte tout l'honneur, on comprendra mieux le grossier mépris que MM. les comédiens font de ces sortes de choses *étrangères à leur art*, suivant eux.

REVUE BRITANNIQUE.
(Janvier 1840).

BULLETIN LITTÉRAIRE. — 1er *volume des* CHANTS DU PSALMISTE.

Ce volume est une hardie provocation à laquelle ne peuvent s'empêcher de répondre tous ceux dont le poète attaque fièrement les œuvres et les principes. M. Rhéal, quoique jeune, ne s'est point laissé égarer par les fausses muses que Dryden appelle dans ses satires les *Dalilas* de l'imagination. Fidèle aux bonnes traditions de l'art, il les défend par le style comme par la pensée. Il y a tout un système de philosophie et de morale dans son ouvrage. M. Rhéal ne se contente donc pas de bien faire; il attaque ceux qui font mal. Il en veut surtout à ces intelligences qui ont mal compris la mission du génie, à ces dominateurs superbes que la flatterie a égalés aux dieux. Le talent du jeune champion des saintes doctrines est trop élevé pour qu'une polémique ne s'engage pas à son sujet. Nos vœux l'accompagnent dans cette lutte toute morale, etc.

Rédigé par M. Amédée Pichot, directeur de la *Revue*.

LE NATIONAL.
[30 mai 1841.]

Feuilleton sur le même ouvrage, 1er *et* 2me *volume*.

Quelques écrivains ont gardé la virginité de leur conscience et de leur plume, et, saintement zélateurs des saines doctrines, ont refusé de se rendre les apôtres du laid et du bizarre, du sophisme et de l'immoralité. Au nombre de ces derniers, nous nous faisons un devoir de signaler l'auteur des *Chants du Psalmiste*. Il y a du courage à résister à l'entraînement du mauvais exemple, et à se proclamer l'adversaire d'un système triomphant. Aussi, félicitons-nous M. Sébastien Rhéal d'avoir préféré cette voie périlleuse où la réussite, toujours incertaine, ne s'obtient qu'à force d'épreuves, à cette autre voie moins laborieuse où le succès est facile. Dans l'ouvrage qu'il vient de publier, ce jeune écrivain s'est efforcé de restituer à la poésie son vrai caractère, complètement dénaturé par les écoles contemporaines. Quels que soient le genre et la diversité de ses inspirations, l'auteur ne perd pas de vue un seul instant la véritable mission de l'homme de lettres, résumée en ces deux mots : instruire et moraliser. La pensée qui a servi de fondement à cette œuvre est aussi pure qu'élevée ; mais l'exécution trahit çà et là l'inexpérience et le défaut d'habitude dans l'art d'écrire. Qu'on n'oublie pas cependant que ce livre est le début d'un jeune homme, et que plus d'un écrivain, appelé plus tard à de hautes destinées littéraires, a débuté moins heureusement que l'auteur des *Chants du Psalmiste*.

Le livre de M. Sébastien Rhéal embrasse une série de sujets lyriques qui tous émanent du même principe, et concourent au même but : la glorification du beau dans l'ordre moral et physique. Il célèbre tour à tour le dévoûment, l'abnégation, la foi religieuse, le sentiment national, l'amour de la liberté, le culte du malheur, tous les nobles instincts, tous les sentiments généreux, toutes les passions pures de l'humanité. Soit qu'il aborde une question religieuse, sociale ou politique, ses sympathies appartiennent à ceux qui souffrent, à ceux qui croient, à ceux qui se dévouent, à ceux qui aiment, à ceux qui marchent dans les voies de l'honneur et de la justice, à ceux qui sont grands par l'esprit ou par le cœur. A coup sûr, de tels principes sont ceux d'un homme dont l'intelligence ne s'enferme pas dans la sphère étroite et égoïste de l'art pour l'art. C'est en s'abreuvant à des sources moins impures que M. Rhéal a saisi le caractère moral de la muse, qu'il a trouvé parfois de hautes inspirations, etc.

Albert DULAC.

CHRONIQUE LITTÉRAIRE ; — *(Revue Britannique.)*

(Octobre 1846).

Traduction des œuvres de Dante. — *5 volumes.*

Nous protestons contre la tristesse qui domine les chants de M***. tristesse plus maladive que philosophique. Nous ne dirons pas la même chose de la tristesse qui règne aussi dans ce que produit M. Rhéal ; tristesse souvent amère celle-là, et non sans motif ; car elle exprime le ressentiment vif de l'injustice, la conscience d'un travail honnête et d'un courage sincère qui, pour peu qu'on l'irrite, sait dire la vérité à tous et à chacun sans s'inquiéter si son langage ressemble à la satire. M. Rhéal vient de publier la traduction du *Paradis de l'Homère Toscan*. Et par quelques mots de préface, nous voyons que le talent du poète s'est fortement trempé dans cette étude sérieuse, enfin achevée, sauf les commentaires promis par le traducteur, et qui constitue réellement un titre littéraire. Il n'est pas accordé à tout poète de sentir et de rendre le Dante. Il faut avoir pour cet âpre génie une passion comme M. Rhéal. Depuis quatre ans, il s'est incorporé pour ainsi dire avec lui ; non-seulement il a vécu physiquement de ses sensations ; mais il lui a donné son ame et a réalisé doublement la rare métempsycose qui rend seule possible une traduction d'un poème aussi personnel que la *Divine comédie*. Il sortira donc du complément d'une entreprise aussi laborieuse une révélation pour la littérature, etc. »

R. par M. A Pichot

Vingt témoignages analogues de sympathie formulés sur mes divers ouvrages ne prouvent pas que j'aie une pièce excellente en portefeuille ou la faculté dramatique, je le sais ; comme je crois très bien savoir la différence intime des genres, et la distance du savoir au génie, du rêve à la réalisation, sans avoir passé par l'école sociétaire, ni vouloir me courber en fakir devant son dogmatisme dictatorial, moins encore tendre mon cou au visa de son agent masqué. Que l'on y songe bien! il s'agissait d'une demande simple de lecture (1) dans un théâtre où l'état paie pour qu'on respecte les titres respectés, où se pratiquent de fréquentes exceptions au réglement sans aucuns titres, où l'on reçoit la *Tour de Babel* par acclamations, et où l'on proclame être en disette de bons auteurs. Quand à l'insolite prétention de MM. les comédiens d'apprécier, de critiquer des œuvres imprimées et jugées, elle méritait d'être relevée moins délicatement par l'autorité supérieure comme totalement en dehors de leurs attributions et de leur compétence, voire de la politesse hiérarchique envers un ministre souscripteur à ces mêmes œuvres pour les bibliothèques publiques. Certes, de pareils procédés contrastent étrangement avec l'intervention libérale de la direction des beaux-arts, et avec ceux des écrivains qui des rangs les plus opposés ont bien voulu accueillir fraternellement dès son début un jeune homme inconnu et sans fortune. S'il y a dans certains bas-fonds ou reliefs stygmatisés de la presse des plumes assouplies à se tremper *dans la boue* pour tâcher *d'y traîner ce qui s'élève*, si les idées ardentes du bien et du beau s'amortissent dans toutes les classes, il y a encore, grâce au dieu tutélaire, des principes qu'on n'ose ternir, des cœurs où palpitent de nobles sentiments, et d'immortels échos qui vibrent dans les cœurs. Voilà pourquoi j'essaie d'aborder le théâtre, après le livre, de combattre pour la régénération et la liberté de cette mâle tribune, et surmonte mon dégoût profond d'entrer en de telles polémiques.

(1) Je suis prêt à lire devant un comité compétent et même, quelqu'inconvenante que me paraisse une telle formalité pour les auteurs connus, j'aurais soumis mon œuvre à un examinateur dont la haute position morale et la capacité littéraire m'auraient offert

une garantie sérieuse. Nul n'accepte plus largement la critique honnête et raisonnée, ni ne consulte plus volontiers les opinions d'autrui, selon les limites convenables. Je l'ai prouvé en proposant à M. Bulos, qui me promettait sa recommandation vive, de communiquer particulièrement mon manuscrit à l'agent ou au sociétaire désigné, dont j'aurais suivi *le conseil* sur la lecture. Le refus de ce terme moyen conciliant m'a démontré une *tyranneaumanie* incorrigible, et m'autoriserait à supposer un mauvais vouloir personnel, sinon dans ces examens masqués et dans cette captieuse recommandation un piège inquisitorial, comme ceux qu'on tend à la Préfecture de police vis-à-vis les gens suspects. Il y a une chose certaine, c'est que MM. les comédiens du roi plus royalistes que le roi, selon l'usage, placés, comme l'enseigne une des citations ci-après, sous la dépendance absolue de M. le commissaire royal, plus ministériel que le ministre, exercent officieusement, et avec leur tact ordinaire, la censure politique sur les œuvres soumises à leur loyauté, au lieu d'en laisser le soin à ceux qui en sont chargés et de songer à mieux remplir leur propre mission. Sans aller si loin, les deux petits mondes, représentés par le commissaire royal et les sociétaires, ont leurs élus et leurs parias. Pour M. le commissaire, tous ceux qui n'ont pas été sacrés par sa revue sérénissime, sont inconnus et sans titres à ses yeux, comme ceux avec qui elle se brouille deviennent des talents déchus, témoin Edgard Quinet et Georges Sand qu'elle ravale après les avoir déifiés. Pour MM. les sociétaires, ils n'estiment que la littérature dramatique, et dans ses adeptes, ceux qu'ils ont éduqués ou qui au moins leur arrivent, comme les charlatans, précédés d'un tambour. « La poésie, l'histoire, la philosophie ! qu'est-ce que cela ? Byron, Goëthe et Lamennais, Châteaubriant et Lamartine, qu'est-ce que tous ces gens dont on parle auprès des nôtres ? et celui-là, il n'est pas même feuilletonniste. » Ces MM. n'ont jamais lu en effet les six lettres flamboyantes de mon nom au coin des rues sur des affiches monstres peintes en riches couleurs, ni sur les prospectus phénoménaux des feuilles encyclopéennes où l'on annonce à tant la ligne toutes les sommités littéraires de l'époque ; ils me demanderaient comme Psaphon à Gilbert :

> Vend-on votre portrait ?... Une actrice discrète,
> De ses dons clandestins meublant votre Apollon,
> Vint-elle avec respect visiter votre nom ? etc.

EXTRAITS DE L'OUVRAGE DE M. L. LAUGIER

SUR LA COMÉDIE FRANÇAISE DEPUIS 1830.

Citons entre plusieurs écrits analogues quelques passages d'un petit livre impartial publié sur la matière et où s'articulent exactement les mêmes plaintes à d'autres points de vue. L'auteur, avec la majorité irréfléchie, conclut à la nomination d'un directeur comme remède radical et unique. Nous présumons l'avoir établi : une réforme aussi superficielle n'aboutirait à rien de solide, ce directeur fut-il payé comme un simple administrateur en chef sur la subvention, ce qui doublerait le commissaire royal, ou intéressé comme un gérant associé pour une part dans les bénéfices avec les sociétaires, ce qui vaudrait encore mieux qu'un spéculateur libre sans garanties précises stipulées pour l'État, le public et les écrivains.

CITATIONS.

— « Que voulez-vous que devienne une institution dont le personnel tient le raisonnement suivant : « Au moyen de la subvention, qui noust est partagée, notre existence individuelle est sûre. Quant au théâtre, la question est pour nous secondaire. La comédie contracte des dettes ; mais le ministre est responsable et l'Etat paira, car le Théâtre-Français ne peut pas faillir, donc tout va pour le mieux.

— » En conséquence la subvention, répartie en moins de parts possible pour en augmenter le chiffre, sert exclusivement aux sociétaires actuels qui se trouvent profiter du vote annuel de la Chambre des députés, quand ceux-ci entendent appliquer au théâtre, non à des individus, les deniers de l'état.

— « L'article 15 du décret de Moskou, veut que la société soit composée d'au moins 22 membres ; en avril 1842 il n'y en avait que 15, (et depuis deux seuls nouveaux, total 17, violation flagrante des statuts).

— » Des raisons exclusivement politiques portaient M. Buloz à un poste qu'il désirait remplir, mais pour lequel son incapacité notoire aurait du être un obstacle sérieux ; entrepreneur de librairie, éditeur de la revue des *Deux mondes* et de la *Revue de Paris*, il avait bien pu leur donner une direction salutaire. Mais étranger au théâtre, aux administrations dramatiques, M. Buloz, Commissaire du Roi près le théâtre-Français, ne pouvait qu'apporter avec lui une influence nuisible en tout point.

— « Chaque sociétaire ayant voix au comité se conformera aux idées et aux décisions du Commissaire royal, et n'oubliera jamais que le prix de son talent est entre les mains de ce même Commissaire royal, qui retranche ou ajoute, et dispose du pouvoir exécutif.

— « Qui peut dire de qu'elle importance et de quelle gravité ont du être les décisions de MM. les comédiens Français à l'égard des auteurs de toutes les époques, par conséquent sur la nature de leurs productions, sur l'ensemble de notre histoire littéraire, en un mot ?

— « Le comité de lecture, autre plaie du Théâtre-Français, tant qu'on n'introduira pas dans son sein des éléments régénérateurs qui puissent balancer les décisions souveraines des comédiens. Il y a une telle anomalie, une contradiction si flagrante dans la combinaison de ce double pouvoir qui exécute et qui juge, confié comme il l'est aux mêmes esprits, aux mêmes consciences, aux mêmes passions.

— « Or aujourd'hui plus de parts à toucher, seulement 100 mille francs affectés aux pensions qui vont à plus de 150 mille, et des charges d'origine nouvelle, les frais de succès par exemple.... Si de la situation matérielle nous passons à la situation morale, de la Comédie Française, le récit en est encore plus triste. Dans le répertoire moderne nous ne trouvons point de but ni dans un sens ni dans un autre, point de portée sérieuse. C'est un répertoire inutile à l'art et qui ne cherche qu'à réaliser des recettes aux dépens de la comédie, souvent aux dépens de la langue et du bon goût. Le pire, c'est qu'en sacrifiant aux idées courantes, le Théâtre-Français, qui ne cherche que de l'argent n'en trouve pas... Il a besoin d'une reconstitution forte, durable et logique. »

Nous renvoyons comme plus ample preuve, au résumé de son histoire dont nous extrayons ces passages ; elle ressemble à une longue procédure depuis 1850. Rien n'y manque : commissions d'enquête, décisions du conseil d'état, factum et mémoires, appels et protestations, procès avec des auteurs, procès avec des acteurs, controverses avec le ministère, directeurs demandés à grands cris et renvoyés de même, faux airs de république, interrègnes, évolutions dans la coulisse comme sur la scène, triste comédie où l'on enterre l'art en habit d'arlequins, et dont les auteurs sincères ont été assez longtemps les dupes au profit de quelques-uns.

TROIS LIGNES SUR L'ODÉON.

Comme nous l'avons expliqué, notre plan réglementaire, sauf les variantes nécessitées par la différence des situations, peut s'appliquer au deuxième Théâtre-Français. La chambre des députés, entraînée par la généreuse parole de M. de Lamartine a voté en 1846 pour ce Théâtre cent mille francs de subvention au lieu de soixante mille. Mais l'illustre orateur et ses collègues ont, comme le ministre, oublié d'en assurer le bon emploi par une spécification précise. A qui sont-ils votés? au monument, au directeur ou à l'art? Or, le directeur, devenu leur propriétaire absolu, n'a comme les sociétaires, qu'un intérêt: celui de s'en réserver la part la plus ronde. Mêmes abus sous d'autres formes, nonobstant un moins anormal comité de lecture, et quelques tendances plus larges. Tant qu'on votera des fonds sans d'authentiques réglements équitables et sans une inspection sévère pour garantir leur execution, je le répète, on livrera simplement à la merci d'un directeur ou d'une camarilla. Les deniers du pays avec l'intérêt de l'art et les droits des écrivains.

Ce mémoire n'est que la première partie d'un travail destiné à embrasser dans leurs rapports avec l'Etat les diverses branches des lettres, des sciences et des arts, et à proposer la règlementation fondamentale non moins nécessaire de l'emploi des allocations d'encouragement votées par les chambres aux choses intellectuelles, aux successeurs de Pascal, de Labruyère, de Lafontaine et de Gilbert, les plus oubliés entre tous. Du reste, MM. les ministres, notamment M. le comte de Salvandy, dont le département concerne l'instruction publique et la haute littérature, sont disposés, je le crois, à bien accueillir les réformes libérales dans ces domaines supérieurs où se confondent toutes les croyances dans l'adoration du beau et du bien. En attendant que l'on constitue un ministère des lettres, des sciences et des arts, comme il en existe un pour l'industrie et le commerce, bornons-nous ici à nous associer au vœu très sage récemment émis par la commission des monuments historiques pour la création d'un comité central chargé de diriger avec un ensemble rationnel, au milieu des affaires multipliées de chaque ministre et des arbitraires subdivisions bureaucratiques, la distribution des précieuses ressources consacrées au mouvement intellectuel national.

www.ingramcontent.com/pod-product-compliance
Lightning Source LLC
Chambersburg PA
CBHW060728050426
42451CB00010B/1684